सन्नाटे में अलाव

(कविता-संग्रह)

वाणी प्रकाशन
नयी दिल्ली-110002

सन्नाटे में अलाव

अजीत चौधरी

ISBN : 978-81-7055-679-4

वाणी प्रकाशन
21-ए, दरियागंज, नयी दिल्ली-110002
द्वारा प्रकाशित

प्रथम संस्करण : 2001

मूल्य : 100.00

शुभम ऑफसेट, दिल्ली-110032
में मुद्रित

SANNATE MEIN ALAV
by Ajeet Choudhary

पिता की स्मृति को

अनुक्रम

समकालीन हैं 11
छोटी-बड़ी भीड़ 13
घर के मोल-भाव में 15
मेरा पता 17
पुनर्जन्म लेते हैं नाम 19
कमीज़ पहना पेड़ 21
तीसरे ख़ाने के दो-कमरा घर में 23
किराए के घर में 25
होना, नदी पार का 26
अधूरी कविताएँ 28
साथ-साथ कौन 29
जानने की अभिव्यक्ति 31
डॉ. सालिम अली 32
संगीत 33
जहाँ रुकती नहीं रेलगाड़ियाँ 34
इन्हीं दिनों 35
अनुपस्थिति 37
जहाँ से शामिल हूँ 39
उतना ही आकाश 41
कहाँ जाना है 42
पढ़ते रहने से 44
जागरण हो अर्थवान 46
होना, बज उठने से 47
किसी का चेहरा 48

बेचिराग़ गाँव	49
निर्भय भय	51
जगदीश स्वामीनाथन् के लिए-1	53
जगदीश स्वामीनाथन् के लिए-2	54
मुखर होती लड़की	55
अकेला होता हूँ	57
फटी कमीज़ों को पाल बनाकर	59
चेहरा	61
मैं जहाँ नहीं होता	62
उगने-डूबने की दिशा	64
आँखें जगह लेती हैं	65
बीत जाएगा यह समय भी	66
कविताएँ लौटती हैं	68
लापता चीज़ें	70
ग्राम देवता	72
अन्ततः कवि के घर वह दस्तक देती है	74
कौन जानता है	76
सन्दर्भ खुशबू	78
डूब में आने वाले	79
बरसात में चिड़ियाँ	81
शिक्षक	82
प्रकृति रोज-रोज अभिनय है	84
इस राह से आगे	86
दाखिल-खारिज	88
खाली जगहें	90
अधूरी कविताएँ	91
दूर होता दृश्य	92
उपस्थिति	94
आवाज़ का दोस्त	96
नवीन सागर द्वारा रचित एक चित्र की स्मृति	97
आख़िरी चीता	98
आँख भर आकाश	99
शिलालेख	100
कवि मैं	101
जिस तरह चलती है रात	102

समकालीन हैं

समकालीन हैं
घास का अनाम फूल
और मैदान पर झुक आया तारा

समकालीन हैं
स्वप्न और पथरीले पहाड़
श्रम से क्लान्त बाजू
और पछुआ समकालीन हैं

समकालीन हैं
भूख और मोक्ष
सन्नाटे में झरती ओस
और कनपटी से रिसता पसीना
समकालीन हैं

नीला विस्तार और तुम्हारी आँखें
प्रतीक्षा और शाम के रंग
समकालीन हैं

छाया और धूप समकालीन हैं

समकालीन हैं
छूट गये पद-चिह्न
और निर्जन शिखर

मूर्तियों की चुप्पी
और कविताएँ समकालीन हैं।

छोटी-बड़ी भीड़

बड़ी भीड़ के विरोध में
खड़ी होती है छोटी भीड़
बड़ी भीड़ के आँकड़े में
पहचान खोते लोग
ऊबते जाते हैं
उनके छोड़-छोड़कर जाने से
बड़ी भीड़ छोटी होती जाती है
अकेला होते जाने के डर से
छोटी भीड़ और छोटी होकर
अकेले मनुष्य के धैर्य में
इकाई तक सिमटती जाती है
अकेले आदमी के दिमाग में
दौड़ती है विचारों की भीड़
स्याह होते आकाश की स्लेट पर
टिक टिक करता काल
तारों की इबारत लिखता जाता है
जैसे शाम का आकाश
आहिस्ता-आहिस्ता एक-एक कर ऊँघते
तारों से भरता जाता है
अकेला होता आदमी धीरे-धीरे

घिरता जाता है विचारों की भीड़ से
जिसमें बहुत भीतर से
कोई उसे पुकारता है
पहचान कर चेहरा
निकट आता जाता है
वापस अपनी पहचान पाता जाता है
ऐसे ही पहचान पाए लोगों के
और-और निकट आते जाने से
एक आदमी से नए जनपद की
शुरुआत होती जाती है।

घर के मोल-भाव में

थेगड़े की तरह
दिख जानेवाली मजबूरी
घर के मोल-भाव में
घर की कीमत गिरा देती है
घर के मोल-भाव में
बिना लिखा-पढ़ी
घर में रह रही
चिड़ियों का मोल-भाव होता है
आँगन भर धूप
और बारिश का मोल-भाव होता है
आँगन जितने आकाश के तारों का
मोल-भाव होता है
मोल-भाव होता है दीवालों पर बने चित्रों
और टेढ़ी-मेढ़ी लिपि का
किसी मौसम, घर के मोल-भाव में
बिना लिखा-पढ़ी
फल और फूलों से भरे
पेड़-पौधों का मोल-भाव होता है
एक बूढ़ी स्त्री
पल्लू में छिपाकर कुलदेवता

निर्वासित हो जाती है, अन्धकार में
कन्धे पर बस्ता टाँगे दूर तक घर को
मुड़-मुड़कर देखते बच्चे
चले जाते हैं अज्ञात प्रदेशों में
घर, एक टूटे जलपोत की तरह
डूबता जाता है
घर के न रहने पर भी
बहुत वर्षों तक वह सपनों में आता है
खुशहाल होने के लिए
इस तरह, खो गया घर
याद करना नहीं चाहिए।

मेरा पता

मेरा पता दूसरों के सन्दर्भों से है
मेरा धुँधलाया चेहरा दिनचर्या की छाया से
पहचाना जाता है
जहाँ मैं हूँ वह मुझे दिया गया संसार है
मेरी इच्छा का कुछ भी नहीं
रास्ता, सफ़र और दृश्य भी नहीं
दिये हुए आकाश में बँधा-बँधा
पतंग-सा डोलता हूँ
इन्द्रधनुष के पुल के ऊपर खोजता अपना गन्तव्य
वे परिन्दे जो लौट गये घोंसलों में
पंखों में लपेटे थोड़ा-सा आकाश
थोड़ी-सी धूप और हवा
उनके साथ-साथ, उनकी आँखों में दुबकी बैठी
धरती लौट गई
मैं भूल चुका हूँ अपना पता
धरती पर मेरे होने के सारे सन्दर्भ मिट चुके हैं
जैसे धरती पर वसन्त के होने का कोई सन्दर्भ नहीं है
धरती के होने का सन्दर्भ तारों से बचा है
जहाँ बहुत दूर छूट गई इच्छाएँ, तारों में सोती हैं
और शब्द ढोते हैं पहचान

बारिश में भीगे, वृक्षों में जो कुछ अव्यक्त था
उसे फूलों ने व्यक्त कर दिया है
भीड़ में पहचान बनाने की हिंसा में
मैं शामिल नहीं
मेरा पता, मेरे शब्दों से है।

पुनर्जन्म लेते हैं नाम

पुनर्जन्म लेते हैं नाम
नए-नए अर्थ लेकर
अक्षर तत्त्वों से धरते हैं रूप
काल, जिसे खाते में
लिखता है, तत्काल
कोई आदमी होता है
बिना नाम का
उसका सम्बोधन कैसा हो?
जिसे आवाज देने पर
अनेक लोग मुड़-मुड़ कर
पीछे देखते हों
कुछ चीजों को छोड़कर
अभी बाकी है बहुत सारा जड़ चेतन
जिनके नाम
उनकी भाषा में खोजे जाना है
मैं एक चिड़िया से सम्बोधित होता हूँ
तो सारी चिड़ियाँ सम्बोधित हो जाती हैं
कुछ कहता हूँ, एक पेड़ से
तो सारे पेड़ मुड़कर देखते हैं
किसी जड़-चेतन को सम्बोधित करना

उसकी जाति से सम्बोधित होना है
मैदान में बचे एक पेड़ पर बैठी चिड़िया
के सम्बोधन में
अनेक पेड़ों और चिड़ियों
की अनुपस्थिति सम्बोधित होती है
असम्बोधित एक लहर
अभी-अभी झर गया तारा और फूल
और असम्बोधित वह मिटता इन्द्रधनुष
सब के सब मेरे एकान्त में
इसी क्षण घटित हो रहे हैं
इनके न रहने की प्रतिध्वनियाँ
मेरे शब्दों में गूँजती रहेंगी।

कमीज़ पहना पेड़

निर्जन में
पेड़ पर अटकी फटी कमीज़
कोई पेड़ को दे गया है
डालियों से कमीज़ पहनने की कोशिश में
वह हुई है तार-तार
बिजूका हो गए पेड़ पर
चिड़ियाँ, अब बैठती नहीं
हवा इसे पहनती है
फूलती बाँहों में वह समाती नहीं
मोटी है हवा
आकाश के विस्तार में वह लटकी है
इसलिए कहीं न कहीं से
आकाश उसे पहने है
धूप और बारिश उसे पहनती है
धरती उसे पहने है अपने रोंए पर
बारिश में जब बिजली गिरेगी उस पर
तभी पाँचों के साथ पहनने की कोशिश में
कोई देह उसे पहनेगी
बारिश में अनाम देह का
यूँ कमीज पहनकर पेड़ से उतरना

ज़मीन पर फटी कमीज़ में
देह को ढोना है
विशाल भू-भाग में पुकारने
और पहचान लिए जाने के लिए
किसी नाम को अंक में तब्दील करना है
शब्द से अंक होने में
पेड़ पर टाँग कर कमीज़ें सौंपकर उत्तराधिकार
किसी गहरे अँधेरे ताल में
डूबते जाना है।

तीसरे ख़ाने के दो-कमरा घर में

तीसरे ख़ाने के
दो-कमरा घर में
दो-कमरा घुटी हवा
एक कमरा आसमान होता नहीं
तो किसी दिन
बहुत दूर घर से
एक चिड़िया
आए
आँखों में धूप
पंखों में हवा
पंजों में खुरदरा स्पर्श
बचा लाए
एक नज़र देखे
और पहचान जाए
फुदकती फिरे कमरे में
निरापद, किसी कोने में
घोंसला लटकाए
गाए तो गाती जाए
(शायद रोए तो रोती जाए)
एक दाना अन्न न खाए

अनजान निष्फल पेड़ों पर
ऊब-ऊब जाए
घिरे अन्धकार सब ओर
भूख, खुद्दारी में डूब-डूब जाए
सपने के पर्दे पर
बादलों से पंख फैलाए
वह आए
लिए धूप आँखों में
वैसी हवा ठण्डी
कि नींद गहरा जाए
दबे पंजों से
मुझे उठाए
पके हुए खेतों में छोड़ आए।

किराए के घर में

किराए के घर में
किराए के सपने आते हैं
किराए की साइकिल से
तय करता हूँ किराए की दूरी
उधार की किताबों से
लेता हूँ, ज्ञान उधार का
इनसे जूझते हुए
बनाना है पृथ्वी को घर
पाटना है फासले खुद अपने पैरों से
पीले पड़ते पत्तों पर
लिखना है, वसन्त की किताब।

होना, नदी पार का

शहर के छोर, पर बिना पुल की नदी होने से
नदी पार के घर, नदी पार के घर होते हैं
वहाँ नदी पार का सूरज डूबता है
हवा के पुल से नदी पार के पक्षी आते हैं
किसी दुःख का नाम होता है, नदी पार का दुःख
जिसे इक्का-दुक्का डोंगियाँ जानती हैं

नदी पार ब्याह दी गई बहन
आँगन में दो पौधे रोपेगी
फिर दोनों पेड़, नदी पार के पेड़ होंगे
जिन पर नदी पार की चिड़ियों का बसेरा होगा
हवा के पुल पर बहुत नमी होगी
जिस पर ढलती धूप के गुजरने से
वह सतरंगा पुल होगा
या फिर सात रंग की चिट्ठियाँ लिए
सात चिड़ियाँ होंगी

गिरते घर की आखिरी दीवाल आँखों में लिए
नदी पार से वह आएगी, काली चिड़िया के साथ
और डूबी आँखों में

उसे समेट कर लौट जाएगी
तब एक रात होगी
नदी पार की रात
बे-चिराग घर में नदी पार का आँगन होगा
दो पेड़ होंगे
जिन पर ढेरों फूल और चिड़ियाँ होंगी
टूटे घर में नदी पार का वसन्त होगा।

अधूरी कविताएँ

जो कुछ छूट गया कविता में
लौटकर वैसा
फिर-फिर नहीं आएगा
टूटे-अधूरे मकानों की तरह
रहेंगी कविताएँ
जिनके भीतर
कोई निर्वासित होगा
कोई आहट वहाँ नहीं होगी
जिनके खालीपन में
पतझर विलम जाएगा
जिनकी टूटी अधूरी दीवालें
हवा में उड़ते बीजों को
रोक लेंगी
जिनमें बारिश होगी
जड़ों, दरारों से फूटेंगे अंकुर
कल जिन पर छाँव करने
विशाल वृक्ष होंगे
जिनकी जड़ों में,
विलीन हो जाएँगी कविताएँ
अधूरे घरों की तरह।

साथ-साथ कौन

किसी को बहुत दूर चलकर भी
कहीं नहीं जाना है
किसी को बैठे-बैठे दुनिया घूम आना है
सब कुछ पा जाना है
दुनिया घूमने के लिए भी है; बनी
महज़ इस ख़्याल से चौंक-चौंक जाना है
वही हैं मंज़िलों पर
सफ़र में जिन्हें
अब गैर-जरूरी हैं पैर
हम जिन्हें
सफ़र है रस्मी-मजबूरी दुःखद
सफ़र है संघर्ष, बचने-बचाने का
हम, जिन्हें हाँफते, रगड़ते एड़ियाँ
बहुत दूर चलते जाना है
किसी उदास धुन्ध में
विसर्जित कर चेहरे, हर बार
लौट आना है
भीड़ में हम हैं, अपनों के बीच
धकियाते, कुचले जाते
आधा-जीवन क़तारों में बिताते

गाड़ियों में ठूँसे जाते सामान की तरह
सहमे विशेष-दर्ज़ों में
अपमानित कर लूटे, दुत्कारे जाते
बीच सफ़र में
अनजान जगहों पर उतार दिये जाते
सफ़र में, नहीं हम साथ-साथ
हमारा चलना नहीं, साथ-साथ
हमारे सुख-दुःख नहीं, साथ-साथ
फिर किसी सन्दिग्ध लक्ष्य पर
हम कैसे हो सकते हैं साथ-साथ।

जानने की अभिव्यक्ति

मैं संगीत जानता हूँ कानों-कान
भीतर ही भीतर
मगर गुनगुनाता नहीं
गुनगुनाने से
मेरा जाना हुआ वह
अनजाना होता जाता है
मैं चित्र जानता हूँ आँखों-आँख
स्वप्न-दर-स्वप्न
मैं उसे बनाता नहीं
उसे बनाना, उस जाने हुए को
विरूपित करते जाता है
मैं बिना देखे प्रकाश जानता हूँ
उसे लिखने में
काला नहीं तो कोई और रंग
उसके होने में आड़े आता है
शब्द अगर
घरों की तरह प्रकाश से भरे होते
तो वे मैदान होते
प्रकाश तो किसी का
घर नहीं होता।

डॉ. सालिम अली

इसी शहर में खोजते रहना सालों-साल
कि कोई रहता था
चिड़ियों की बोली समझनेवाला आख़िरी इन्सान
जिसकी कब्र पर
गुमसुम बैठी चिड़ियाँ, मानो
सेती रहती हैं अण्डे
जब पेड़ों पर वसन्त आता है
धरती के भीतर एक चिड़िया चहकती है
किलककर, सारी पृथ्वी
उत्सव में शामिल होती है।

संगीत

मैं अपना मन
संगीत को देता हूँ
देता ही नहीं
उसे घोड़े पर
सवारी कराता हूँ, आरोही, अवरोही घाटियों में
भँवरे के तराने पर
तितली के विलम्बित परों में
कहीं समुद्र की लहरों पर
तो कहीं गरजते घुमड़ते बादलों पर
विदा करके थोड़ी देर
झींगुर के इकतारी सन्नाटे में
सिर्फ मैं ही मैं बच जाता हूँ
अकेला हो जाना संगीत है।

जहाँ रुकती नहीं रेलगाड़ियाँ

जहाँ रुकती नहीं
हाँफती फुँफकारती रेलगाड़ियाँ
वहाँ के लोग व्यतीत मान लिये गये हैं
गोल चक्कर काटते पेड़ों से भी अर्थहीन
जहाँ चिड़चिड़ा स्टेशन मास्टर
एक औपचारिकता रह गया है
कि जिस पर तरस खाकर
स्टेशन के नीम, पीपल और आम
झण्डियाँ हिलाते रहते हैं
मुसाफ़िर-खाने की विशाल आरामकुर्सियाँ
किनकी प्रतीक्षा में
रोज़-रोज़ पोंछी जाती हैं
स्टेशन मास्टर
कस्बे में लगी
महापुरुष की अनुपातहीन
विद्रूप मूर्ति में बदल गया है।

इन्हीं दिनों

खलिहान में
बैलों का गोबर धोकर
अनपचा अन्न
इकट्ठा करती हैं, बूढ़ी औरतें
खुरों से दाना-भूसा अलग करते बैल
जल्दी-जल्दी निगलते हैं अन्न
आँखों में पढ़कर, अन्न की इच्छा
धरती के बेटे, धरती की तरह
लौटाते हैं अन्न
फसल कटने के बाद
संन्यासी बीनते हैं अन्न की बालें
पक्षी चुगते हैं साथ-साथ
धरती उनकी आँखों में
पढ़कर अन्न की इच्छा
इनके हिस्से का अन्न छिपा लेती है
इन्हीं दिनों पक्षी गाते हैं
सबसे कृतज्ञ गीत
संन्यासी मंगल गाते हैं
इन्हीं दिनों बनती हैं ऋचाएँ
इन्हीं दिनों अण्डे फूटते हैं घोसलों में

इन्हीं दिनों हाथ बाँधे दिक्‌पाल
तृप्त होते हैं अन्न की सुगन्ध से
इन्हीं दिनों वे हाथ
जो दिशाओं से
समेटते हैं अन्न
दुर्भिक्ष की छाया लम्बी करते हैं
उत्सवों-त्यौहारों के मंगल गीतों से
उन्हें अलग करते हैं
जिनकी प्रार्थनाएँ सुन ली जाती थीं।

अनुपस्थिति

वृक्ष जीते हैं
पृथ्वी की तरह
चमकदार दिनों में

सबसे पुरानी जड़ें
पृथ्वी हो चुकी हैं

धूप, चीजों की
अनुपस्थिति जानती है
कमरे की अनुपस्थिति
कुर्सी, टेबिल और
किताबों की अनुपस्थिति
पैरों की अनुपस्थिति
पृथ्वी जानती है

हर वक़्त यह धरती
मौसमी लिबासों में
लिपटी दिखती है
मैं इसका अनुभव
बिना मौसम के करना चाहता हूँ

चीज़ें गढ़ती हैं छाया
और छाया बनती है
अन्धकार
जब हम काँपते हाथों में
कुछ ले रहे होते हैं
वह अन्धकार ही होता है
हम अन्धकार ही छोड़ जाते हैं
चीज़ों के साथ

चीज़ों का चला जाना
रोशनी के लिए
जगह बनाना है

इस तरह
शब्दों में अनुपस्थिति हो जाना
आखिरकार
कुछ हो जाना है।

जहाँ से शामिल हूँ

जहाँ से शामिल हूँ
धूप में, हवा में
वहाँ से शामिल है मेरी ज़मीन
मेरे पैर उठते नहीं ऊपर
छोड़कर अपनी ज़मीन
हालाँकि, टटोल आता हूँ व्योम
कतरा-कतरा बादल
लपेट आता हूँ धूल आकाश-गंगा की
अनेक जन्मान्तरों में मिलती है मृत्यु
प्रतीक्षा करती हुई
अपनी यात्रा को नापने, उसे मान लेता हूँ
मील का पत्थर
उसे पहचान लेना, सफर को जी लेना है
मृत्यु मेरे अभय की खिड़की है
जिसके पार मैं देख लेता हूँ
असंख्य नीहारिकाएँ
हर बार पकड़ना चाहता हूँ जीवन
और हर बार वह छूटता लगता है
हर बार दिखते हैं रास्ते, उससे दूर जाते हुए

आग की तस्वीर के सामने, ठिठुरता हूँ
किसी का आग का अनुभव, आता नहीं काम
इस तरह, अपनी आग को भूलना
सूरज को भूल जाना है।

उतना ही आकाश

उतना ही आकाश
जितना आँगन में आता है
उतनी ही बारिश
जितनी आँगन में आती है
उतनी ही धूप
जितनी आँगन में आती है
सब के सब सिर्फ़ शब्द थे
उतने ही जितने आते थे स्लेट में
स्लेट में बनी चिड़िया न हिलती न डुलती
न फुदकती एक कोने से दूसरे में
स्लेट उसका पिंजरा था
उसे मिटाकर
उसके खून से हाथ नहीं रँगना चाहता था
बरसात के दिनों मैंने उसे
स्कूल के मैदान के पोखर में धो दिया
जहाँ वह मछली बनकर गतिमान थी
जिसके लिए उतना ही आकाश, उतनी ही बारिश
उतनी ही धूप नहीं थी,
जितनी होती थी मेरे लिए
आँगन में।

कहाँ जाना है

कहाँ जाना है
तेज बहती हवा से
पूछते हैं पेड़
हवा की रेल में
पेड़ अपने पत्तों
और फूलों की गन्ध को चढ़ाते हैं
एक चिड़िया अपनी चहक
और पंख को शामिल करती है
मिट्टी अपनी गन्ध
और धूल को उसमें बिठाती है
एक चीख, निर्जन से होती है सवार
भग्न मूर्ति की पुकार
उसकी विस्फारित आँखों की प्रतीक्षा
शामिल होती है
नमी और धुआँ
पकते फलों, फसलों और रोटी की सुगन्ध
शामिल होती है
धरती पर फैला ताप
उड़ती रेत, और झरते हिम की भाषा
उसमें जगह बनाती है

होना, बज उठने से

पत्तियाँ कुछ बोलती नहीं
पेड़ मानो खड़े हैं, किसी प्रवाह में
वे नीले विस्तार में टँगी घण्टियाँ हैं
इनसे होकर बहती है हवा
दूर-दूर तक खुले विशाल नीले मन्दिर में
प्रवेश के पहले
अपने असंख्य लम्बे हाथों से वह इन्हें बजाती है
कई पेड़ों के एक साथ बजने से
निस्तब्धता बजती है
पेड़ का होना उसके इस तरह बज उठने से है
जैसे बादलों में बिजली का होना
उसके बज उठने से है
बारिश का होना हवा और धरती के साथ बज उठने से है
रास्ते पर पैरों का होना धरती के बज उठने से है
आहटें इतनी कम कि
कोई हो या न हो की सन्धि-रेखा पर
हुए आघात से उठता हो कम्पन
और बनता हो शब्द
शब्द का आना बे-आवाज़
शाम के गहराते आकाश में
आहिस्ता-आहिस्ता तारों का आना है।

किसी का चेहरा

किसी का चेहरा
कोई ढोता फिरे
पीढ़ी दर पीढ़ी
जैसे चेहरे की उस झलक में
कोई आदमी जीता जाता है
किसी प्रजाति में
संसार को सूँघती
नाक की विशेष बनावट रहती है क़ायम
ठोड़ी किसी नस्ल की
बनी रहती है पहचान
आँखें अपनी खास बनावट से
देखती जाती हैं दुनिया
त्वचा और रंग
अनेक मौसमों की तल्खी में
बने रहते हैं क़ायम
कोई प्रजाति कोई नस्ल
कभी पूरी तरह मर नहीं जाती
जीवन की धूप-छाँव में
लुका-छिपी करते
पुरखे अपनी पीढ़ियों की आँखों
से देखते रहते हैं।

बेचिराग़ गाँव

बहुत मुश्किल है अन्धकार को नापना
चली हुई दूरी तो धरती की है
गाँवों के बेचिराग़ होने का पता
रात्रि-गश्त में लगा होगा
लेकिन अन्धकार में ठीक-ठीक
किस जगह को कहें बेचिराग़
शायद स्मृति में कुछ चिराग़
बुझने से बच गये हों
किसी दिशा में खो गई आबादी, याददाश्त के सहारे
शुमार कर ली गई हो
बेचिराग़ गाँवों में
चक्कर काटती हवा घूमती है निर्द्वन्द्व
बेचिराग़ गाँवों में आवाज़ देने पर
वह लौटती नहीं वापस
वह गाँव को खोजने चली जाती है
बेचिराग़ होते गाँवों की तरफ जाते रास्ते मिटते जाते हैं
उनकी पीढ़ियाँ कहीं आसपास दम तोड़ती रहती हैं
बेचिराग़ गाँव इतिहास की देह पर
दागे हुए निशान हैं
अभिशप्त भूखण्ड से विषाद में डूबे

जीवन का बहिर्गमन है
थानों की गुनाहों की किताबों में
उनका इतिहास दर्ज़ है
लेकिन बेचिराग़ होने की वजह
किसी तारीख़ में नहीं है
ऐसे अभिशप्त गाँवों में चिराग़ जलाने देने से
उनका बेचिराग़ होना भुला दिया जाएगा।

निर्भय भय

यहाँ हर कोई थोड़ा बहुत मालिक
थोड़ा बहुत गुलाम
हर कोई मकड़ी की तरह
बुनता है भय का जाला
देखते-देखते भय इतना व्यापक हो जाता है
कि उसमें कम भय की जगह
निर्भय होने की जगह लगती है
उसी भयभीत भाषा से
निर्भय होने की प्रार्थनाएँ बनती हैं
भय के किस्सों से
कँपकँपाते अभय का हाथ उठता है
भयभीत आदमी निर्भय होने के अंदेसे में
भयभीत को ही मारता जाता है
सभ्यता और तरक्की
भय का ही विस्तार लगती है
या फिर दूसरों की अभयता छीनते हुए
निर्भय दिखने की कोशिश लगती है
डरे हुए लोग समझौते करते हैं
करते हैं युद्ध विराम शिखर वार्ताएँ

डरे हुए लोग संगठित होते हैं
डरे हुए लोग
घरों से होकर रास्ता देते हैं
बाज़ार लगाने की जगह देते हैं।

जगदीश स्वामीनाथन् के लिए–एक

चुक रहा है एक झरना
जिसकी बोली समझती है
वह रंगीली, अलख-चिड़िया
जिसने टाँगा घोंसला
पिछले बरस
नज़दीक जिसके पेड़ पर
अब कहाँ ले जाए
चिड़िया घोंसला मुँह में दबाए
हिचकी लेते आख़री
झरने को तज कर कहाँ जाए
जिसका जल
अब ले रहा आकार
अण्डों के बहुत भीतर
कि जिससे फूट बहते, सुर के झरने
एक दिन
जो बोलते झरने की बोली
देखती है वह रंगीली अलख-चिड़िया
देह झरने की
नमी अब बन रही है।

दो

शिखर से निकली
शिला में घोंसले हैं
शिखर है, अब पेड़
पर्वत के निकट
बहती नदी में
छाँव है बहती हुई
उन घोंसलों की
जहाँ से अब निकलती हैं छाँव-चिड़ियाँ
छाँव, फल की, नहीं दिखती घोंसलों में
इस नदी की आँख में
जाने कहाँ बैठी हुई कुछ
छाँव-चिड़ियाँ कुतरती हैं छाँव फल
घोंसलों में किलपते, बेतरह चूज़े
गर्दनें लम्बी निकाले
आसमानों की डगर में
मिचमिची आँखें बिछाए
बहुत लम्बे, बहुत नीले खेत में
ज्यों प्रार्थना हो अन्न की।

मुखर होती लड़की

मुखर होती लड़की, अपना भय छिपाती है
कैमरे की आँख से बाज़ार उसे घूरता है
देर रात, वह लौटती है
अपने चेहरे से नावाक़िफ
अपने लौटने की आवाज़ कम करती हुई
वह अँधेरे में लौटना चाहती है
वह चाहती है
दरवाज़ा खोलनेवाले हाथ अन्धकार के हों
आँखें हों अन्धकार की, जिनका वह सामना कर सके
जुबान हो अन्धकार की
जिसे क़ैफियत न देना पड़े
थाली में ढँका रखा हो अन्धकार
एक लिहाफ हो अन्धकार का
सपने में सिर्फ अन्धकार
लेकिन ऐसा होता नहीं
उसके लौटने को सब जानते हैं
जैसे सब उसके लौटने को जानते हुए एक दूसरे
से छिपाते हैं
रोज़ दहलीज़ पर
किसी पराजित की छाया फैलती है

बाज़ार और चीज़ें अपने महत्त्व में उसे
घटाती जाती हैं
एक दिन उसे पता चलता है
कि उसकी प्रतीक्षा में, लौट गया वसन्त
वृक्षों ने छिपा लिए फल उसके हिस्से के
किसी टहनी ने उस पर झला नहीं पंखा
पत्तियों ने उस पर की नहीं छाँव
उसके सुबकते चेहरे के लिए
किसी बुजुर्ग पेड़ ने बढ़ाया नहीं कन्धा
किसी फूल ने आते-जाते उसे पुकारा नहीं
देह में छिपा है काल, विकराल
जो एक दिन उसके उजाड़ में
केक्टस की तरह फूट पड़ेगा
बहुत बड़े मरुस्थल में
रेत सुनती है, उसके लौटने की पदचापें
शब्दों में छिपाता हूँ उसकी करुणा
चाँदनी से बुनता हूँ उसके वस्त्र
उसके टपकते आँसू घोलता हूँ स्याही में
उसके उजाड़ पृष्ठ पर
रोशनी से लिखता हूँ
उसके लौटने की प्रार्थना।

अकेला होता हूँ

अकेला होता हूँ
पतझरों के साथ
कलम की नोक पर उठाता हूँ
सन्नाटा और अन्धकार
शब्दों में रखकर सन्नाटा
अन्धकार का पहरा बिठाता हूँ
वह सन्नाटा भीड़ का है
बहुत बड़े दृश्य में जिसकी बोलती बन्द है
अकेला होता हूँ, जड़ों के छोर-सा
शिशु की तरह
धरती का अर्थ सिर्फ़ अन्न-जल जानता हुआ
पृथ्वी में बहुत बड़ा शोर होगा
जो उसके निकट होते जाने से बढ़ता जाएगा
हवा जिसे फेंट रही होगी बेतरह
जिसमें, और ऊपर उठकर दूर होते जाने से
सन्नाटा कहीं से शुरू होता होगा
अकेला होता हूँ, उसी मुकाम से
सन्नाटे में चलती है पृथ्वी बे-आवाज़
मैं एक, अपनी आवाज़ ढूँढ़ता हूँ पृथ्वी में
यक़ीनन जो अब मेरी नहीं होगी

बहुत खोजने पर
वह किसी चीख़ की शक़्ल में पहचानी जाएगी
किसी के लिए नहीं है यह चीख़
अन्धकार में मनुष्य के होने का संकेत है
अकेला होता हूँ
उसी चीख़ के साथ
दुनिया में होने की जगह बनाता हुआ।

फटी कमीज़ों को पाल बनाकर

फटी कमीज़ों को पाल बनाकर
इस बारिश में कहीं चल देना चाहते हैं पेड़
इस जोर की आँधी में वे पतंग बनकर उड़ जाना चाहते हैं
पेड़ों के इस तरह उड़ने से
घोंसलों में पखेरुओं के सपने उड़ रहे होंगे
बहुत लम्बी उड़ान में
बहुत सारे पेड़ उड़ रहे होंगे
इस तरह उड़ते पेड़ों के आपस में गुँथने से
वह पेड़ों की रेल होगी
जो दौड़ रही होगी हवाई-पट्टी पर
जो पक्षियों को घोंसले सहित
खेतों, खदानों और कारखानों में छितराती जाएगी
नई जगह पर नए पक्षियों के गाने से
दूर देशों के पक्षी आएँगे
पहले वे उनके गीतों में बोली मिलाएँगे
फिर अपनी-अपनी बोली लगाएँगे
उनके अकुशल गीतों का क्या मोल होगा
जिनमें बजेगा पेड़ों का हाहाकार
खो गए पेड़ों की जगह
कोई रोप जाएगा घोंसलेदार पेड़

जिन पर अप्रवासी पक्षी होंगे
जिनका कलरव झीलों-तालाबों में भरा होगा
एक दिन आँधियाँ गुनगुनाएँगी वे गीत
जो चिड़ियाँ गाती थीं
सफर में उनके साथ-साथ।

चेहरा

भीड़ में मैंने उसे दोस्त के नाम से पुकारा। वह रुका। अपरिचय की गहरी धुन्ध को छाँटने उसने अपना चेहना घुमाकर लालटेन की तरह रख दिया। मैंने कहा, उसका चेहरा, बरसों पहले खो गए दोस्त से मिलता है। "तुम कोई नए नहीं हो" उसने कहा, "मैं इस तरह कई बार पुकारा गया हूँ, मेरे चहेरे की बनावट ही कॉमन है।" दरअसल स्मृति में फ्रीज़ हो चुके चेहरे बूढ़े नहीं होते और वह समय भी जिससे हम प्रेम करते रहते हैं। वह, जीर्ण होते बन्द मकान में टँगी बन्द घड़ी होती है। "वाकई यह चेहरा मेरा नहीं" उसने उसके बहुत धीमे, कान में कहा। ''यह मुझे रास्ते में मिला था कोई आदमी था... शायद वही तुम्हारा दोस्त रहा हो कह रहा था, कि गुम होने के पहले वह अपनी पहचान कुछ लोगों में छिपाना चाहता है। मुझे पसन्द आया उसका चेहरा, किसी को उसकी चाल और किसी को आवाज़। इस तरह देखते-देखते मानो मौत को चकमा देकर वह छिप गया भीड़ में। तुम्हारे दोस्त के तरह कई लोगों के दोस्त इसी भीड़ में छिपे-छिपे घूम रहे हैं और लोग अकसर उन्हें आवाज़ देते रहते हैं।"

मैं जहाँ नहीं होता

मैं जहाँ नहीं होता
वहाँ प्रच्छन्न धूप होती है
निर्बाध बारिश होती है
हवा बहती है निर्द्वन्द्व

मैं जहाँ नहीं होता
वहाँ अन्धकार को देह से
रोक पाना नहीं होता
मैं जहाँ रोशनी में होता हूँ
वहाँ रोशनी को रोक रहा होता हूँ
वहाँ अपने शरीर से
गढ़ रहा होता हूँ अन्धकार

मैं जहाँ नहीं होता
वहाँ चहकती चिड़ियाँ अनसुनी कर दी जाती हैं
वहाँ फूलों की बहती सुगन्ध से
अपना हिस्सा त्याग चुका होता हूँ
रास्तों की पहचान को
अपने पैरों से और गहरी
नहीं कर रहा होता हूँ

वहाँ का अन्न जल किसी और के लिए
बचा रहा होता हूँ

मैं जहाँ नहीं होता
वहाँ एक प्रतिरोध कम हो जाता है
वहाँ हत्यारे चुन लिए जाते हैं, सर्वसम्मति से
टहनी पर खिला एक फूल
मेरी दृष्टि के अनुमोदन से छूट जाता है।

उगने-डूबने की दिशा

उगने की दिशा के ठीक सामने है, डूबने की दिशा। पेड़ जहाँ उगा था उसके ठीक सामने फैले उजाड़ में वह कहीं रही होगी। किसी दिन डूबने के लिए पेड़ ने उसे देखा होगा। आसमान के साथ टेढ़े होकर, तारों को एक-साथ डूबना था। गर्दनें उठाकर, उगने की दिशा को देखते-देखते उन्हें डूब जाना था। आँखें तय करती हैं उगने और डूबने की दिशा। उगने के साथ ही तय हो जाती है डूबने की दिशा। धरती के साथ नदियाँ, पेड़-पहाड़ घूमते हैं, अपनी डूबती दिशाओं के साथ। मैं चलता हूँ अपने उगने की दिशा के बर-खिलाफ़ मानों ढूँढ़ता होऊँ डूबने की दिशा। किसी गहरे सम्मोहन में चीज़ें बढ़ती रहती हैं, अपने-अपने डूबने की दिशाओं में। नदी-नाले अपने डूबने की दिशा में बढ़ते रहते हैं। समुद्र के डूबने की दिशा, आकाश है, जैसे बादलों के डूबने की दिशा है, पृथ्वी की ओर। जैसे डूबती दिशा में होती आवाज़ अपने उगने की दिशा की तरफ जा रही होती है। किसी दिशा में कुछ शब्द लिखकर जैसे तय करता हूँ उनके डूबने की दिशा और वह अकसर उन्हें पढ़ती आँखों की तरफ होती है। अपनी ओर लौटने के लिए, डूबने की दिशा से उगना चाहिए।

आँखें जगह लेती हैं

तस्वीरें पार करती
आती हैं उसकी स्मृति
अब, धूप है उसकी स्मृति
वसन्त के अनेक लिबासों के नीचे
दबा है उसका स्पर्श
वहीं कहीं एक टूटा तारा
जुगनू की तरह
दिपदिपा रहा है
रात मेरे विषाद का बिछौना है
जहाँ से आसमान मुझ पर खुलता है
और आँखें
टूटे तारों की जगह लेती हैं।

बीत जाएगा यह समय भी

बीत जाएगा यह समय भी
जो इस वक़्त चेहरे पर बह रहा है
इस क्षण गहरी है, समय की मार
अभी है भूख, अपमान
बेचारगी और तिरस्कार
अभी है घरों से बाहर छूटता संसार
अभी इस क्षण आया है दुःख का ज्वार
जरा देर भारीपन सिर में, आँसू, बेहोशी
चक्कर, अनिद्रा डूबता दिल
तुच्छता होने की निस्सारता
फैसले का क्षण, निर्वासन
अभी बीत जाएगा यह क्षण
लगेगी भूख-प्यास
नींद आएगी, मौसम बदलेगा करवट
फूल खिलेंगे, झिलमिलाएँगे तारे
बादल दौड़ना शुरू करेंगे
बारिश होगी, हलचल से भरा
आएगा, रेला जीवन का
और बहा ले चलेगा अपने साथ
बीतेगा यह समय

हो सके तो इसे दर्ज कर लेना कहीं
और पढ़ना सुखी दिनों में
तब वह कोई और होगा, इसे पढ़ता हुआ
वह, कोई और था
जिसका था वह समय।

कविताएँ लौटती हैं

चीज़ों की तरह
कविताएँ लौटती हैं
बुरे दिनों में, दुरुस्त कमीज़ की तरह
दुरुस्त जूतों और छतरी की तरह
किताबें लौटती हैं, माटी-मोल दुकानों में
बिकने की मजबूरी में
अपनी कीमत से गिरे बिना
चीज़ें लौटती हैं गाँव की ओर
कविताएँ लौटती हैं
घास में लौटती है, अधबुनी रस्सी
अधबुना घोंसला
अधखाई रोटी, खेत में लौटती है
रास्ते के पद-चिह्न
बैलों के घूँघर
बिरहा के स्वर वापस लौटते हैं
चक्की का उदास गीत
करघे का विलाप
पींजन के करुण स्वर वापस लौटते हैं
जूते लौटते हैं, चमड़े में
बर्तन, खिलौने माटी में

अधूरी चारपाई, कठपुतलियाँ लौट जाती हैं पेड़ों में
ऐसे ही लौटती हैं कविताएँ, अक्षरों में
एक दिन लौटेगी धूप, सूरज में
चाँदनी, चाँद में
बारिश लौट जाएगी बादलों में
फूल बीजों में
बुरे दिनों में अच्छी चीज़ें ऐसे ही
हटती जाएँगी जीवन से
मनुष्य के बीच अपनी गरिमा के साथ
बने रहने की शर्त पर
एक दिन पसीना अवज्ञा करेगा
और लौट आएगा
बिना मोल
दमकती पेशानी में
एक दिन लौटती चीज़ें
किसी दिशा में
अपना रुख अख्तियार करेंगी।

लापता चीज़ें

वे जहाँ थीं वहाँ उनकी मौजूदगी
कब से होती गई अर्थहीन
कि वे फासलों में धुँधलाती चली गईं
वे वहाँ थीं और नहीं थीं
प्रकृति में विलुप्त होती प्रजाति की तरह
उनके बारे में कोई चेतावनी नहीं पढ़ी गई
वे किसी परिसंवाद का विषय भी नहीं थीं
वे आसपास के सपनों में नहीं थीं
वे किसी की चिन्ताएं नहीं थीं
उनके न होने के ठोस सन्नाटे में
समय के कुछ बुलबुले छूट गये थे
उनके नष्ट होने का कोई साक्ष्य नहीं था
उनके आखिरी बार देखने जाने का कोई सबूत नहीं था
काल से अपराजित, अव्यतीत,
वे अपने क़िस्सों में जिन्दा थीं
वे धूप-छाँव के क़िस्सों की प्रेरणा खुद थीं
उनसे कुछ लोग भयभीत थे
वे अपने निर्मम समय के नंगेपन की चश्मदीद थीं
जो भयभीत थे वे उनके नष्ट होने के
सप्रमाण किस्से गढ़ते थे

जो उनके खालीपन में जी रहे थे, वे उनके आसपास
देखने जाने के किस्से गढ़ रहे थे
उनके किस्सों में गुमशुदा चीज़ें
अपने निर्मम समय को नहीं भूली थीं
वे बदले की आग में जलती हुई
अपने दुश्मन की घात में, उसके बेखबर होने के अन-करीब
दुबकी बैठी थीं।

ग्राम देवता

ग़रीब मन्दिर के ग्राम देवता की ग़रीबी
उसकी चढ़ौतियों में झलक जाती है
देवता, बुझे हुए दिये के एकान्त में
पथराए रहस्य की तरह स्थापित हैं
गरीब लोगों के ग़रीब-देवता
घर के मुखिया की तरह पसीने की रोटी खाते हैं
उनके पहनावे की तरह उनका पहनावा है
गोलबन्द घेरों में उनके साथ-साथ नाचते गाते हैं
उनकी इच्छाएँ, मनौतियाँ किसी के हक़ में सेंध नहीं लगातीं
वे दासों की तरह कातर वाणी में
सुख का हिंसक विस्तार नहीं माँगते
वे लोगों पर प्रभुता नहीं चाहते
वे अपने देवता की भाषा जानते हैं
हालाँकि, गढ़े नहीं उन्होंने प्रार्थनाओं के ग्रन्थ
अगर वे चाहें तो उन्हें वह सब मिल भी सकता है
मगर ऐसा वे किसलिए नहीं करते?
क्या उन्हें चिन्ता होती है बाकी लोगों की मनौतियों की?
पशु-पक्षियों, नदियों-पेड़ों और पहाड़ों की मनौतियों की?
वे जानते हैं उनके देवता की आँखें
सोने-चाँदी की नहीं हैं

देह नहीं है संगमरमर की
रेशमी नहीं हैं उनके वस्त्र
उनके सिर पर रत्नजड़ित मुकुट नहीं
सिंहासन नहीं, बैठने के लिए
सींग और पंखों का मुकुट पहने
पशुदन्तों, कौड़ियों का हार डाले
मृत्यु क़ी तरह है उनका देवता
जो पेड़ों के खोखल पर खाल मढ़कर बजाता है
फूँककर सींग राग निकालता है, शामिल रहता है जीवन के उत्सव में
मृत्यु की तरह
उन्हें हरगिज शिकायत नहीं अपने देवता से, वे अपना देवता खुद हैं।

अन्ततः कवि के घर वह दस्तक देती है

पल में हल कर देती है मृत्यु
गणितज्ञ का जटिल थ्योरम
राजनेता की महत्त्वाकांक्षी योजना
बड़बोली सुन्दरी की दीप्त देह
बाजार में बिछी विसात पर
खिसकते मोहरों की चाल
पल में हल कर देती है
जीवन की अबूझ पहेली
अन्तहीन मुकदमा
भिखारिन की तुच्छ इच्छा
पल में हल कर देती है
घण्टी बजते ही छीन लेती है उत्तर-पुस्तिका
अपने करुणा लोक में लोरी गाते-गाते
समेट लेती है
असह्य पीड़ा भोगते मरीज
अपाहिज, विकलांग, पागल सभी
गीली मिट्टी के खिलौने गड्ड-मड्ड कर
फिर गूँथकर रचती है नये-नये आकार
खेल के मैदान में उम्र की रेखाएँ;
कोई नियम उस पर बन्धनकारी नहीं

‘दूध की दुहनियाँ’ की तरह
वह शामिल रहती है खेल में
वह पोप की तरह क्रिसमस पर
नहीं चुनती एक ग़रीब बच्चा
इक्कीसवीं सदी में, भूख-प्यास से मरता
कोई ग़रीब मुल्क चुनती है
अन्ततः कवि के घर वह दस्तक देती है
(कवि का घर सब कहीं हो सकता है)
जो उसे फिर पहचान कर मुस्कराता है
कविता पूरी करने की मोहलत माँगता है।

कौन जानता है

कौन जानता है, लिखे जाने का अर्थ
शब्द के प्रयोजन के लिए
प्रिय नहीं होता शब्द
बल्कि, अपने ही प्रयोजन के लिए शब्द प्रिय होता है
शरीर पर होती है, काल की दस्तक
कौन जानता है बचे रहने का अर्थ
सिर्फ शब्द के ज्ञान और
चमकदार भाषा की बुनावट से
खुलते नहीं जीवन के अर्थ
भाषा के प्रयोजन के लिए भाषा प्रिय नहीं होती
बल्कि अपने ही प्रयोजन के लिए
भाषा प्रिय होती है
अल्पमत के जीवन-सत्य
अल्पमत समाज में हो सकते हैं विस्मय
उतरन पहने अल्पमत जीवन के भूतिया विदूषक काग़ज़ों पर डोलते हैं
निरर्थक भाषा के विस्तार जाल से
पकड़ना चाहते हैं, सुख-दुख के भागते मृग
जीवन बदलता है प्रतिक्षण
बदलता है मनुष्य उसके प्रवाह में बहता हुआ
अज्ञात सन्दिग्ध अनुभवों के सहारे

कठिन है उसकी नब्ज़ पकड़ पाना
अर्थ के प्रयोजन के लिए,
प्रिय नहीं होता अर्थ
बल्कि अपने ही प्रयोजन के लिए
अर्थ प्रिय होता है।

सन्दर्भ खुशबू

शीशियों में बन्द
तरल-खुशबू के विज्ञापन में
बरबस फूल आते हैं, सन्दर्भ के लिए
फूलों के साथ
पेड़-पौधे
और मौसम आते हैं
सभ्यता में, एक आभिजात्य नाम
रखे जाने के बावजूद
शीशीबन्द खुशबू
अपनी अलग पहचान नहीं बना पाई है
अपनी जड़ों की ओर लौटते हुए
खुशबू
अपना सन्दर्भ खोजती है।

डूब में आने वाले

डूब में आने वाले गाँव छोड़ते हुए
मुड़-मुड़ कर
नजर भर देखने की चाह में
पहले ही डबडवा गये
जैसे प्लेग की भगदड़ में
छूट गया गाँव
लाचार बूढ़े की तरह
ऐसे जलमग्न गाँव के सपने
सबकी नींद में आएँगे
वे आम जिन पर
अभी-अभी बौर आए थे
जिन पर झूले डलते थे
वे पेड़ जिन पर अभी-अभी घोंसले बने थे
वे रसभरी जामुन, नीम, इमली
वे पथरीले जिस्म के ऊँचे-ऊँचे अर्जुन
वे पीपल और बरगद जिनके नीचे
चौपालें आबाद थीं
चरागाहों के हरे बबूल, बेल, कैथा, रीठा
सब याद आएँगे
बढ़ती हुई लहर

पल में रास्तों की पहचान मिटा देगी
धरती के भीतर का जीव-जगत्
पखेरुओं के बसेरे
हरे-भरे खेत और मैदान
देखते-देखते हो जाएँगे जलमग्न
खेतों की मेड़ों, सीमाओं को
एकाकार करता जल
धरती की पूर्णता लौटाएगा
पटवारी के खसरे, नक्शे हो जाएँगे अर्थहीन
ग्राम देवता, वीरान देवाले
लेंगे जलसमाधि
प्रेम के समर्पण की जगहें
अब स्मृति में रह जाएँगी
उनकी सिहरन लहरों में थरथराकर रह जाएगी
डबडबाई आँखों की तरह
पानी को आबाद करने
वे धरती छोड़ते जाएँगे
सदमे की मारी वह जमीन
पोंछ दी गई स्लेट की तरह
खो बैठेगी अपनी याददाश्त
डूबी रहेगी शताब्दियों तक
सहसा एक दिन बदलकर करवट ऊपर आएगी
ऋतुमती होकर, सूरज के सामने।

बरसात में चिड़ियाँ

चिड़ियाँ चिंचिंया रही हैं बेतरह
रात भर बरसा है पानी
जिनके छप्पर फूस के हैं
वे ही समझ सकते हैं चिड़ियों का आर्तनाद
उनके ही घरों में वे शरण लेंगी
उन्हीं के घरों में होगी जगह घोंसला बनाने की
उन्हीं के बच्चों के साथ
वे चुग सकेंगी एक ही थाली में
वे जंगल भी जाएँगी
फसल होगी तो खेतों में जाएँगी
लौटते धूसरित चेहरों को राहत पहुँचाने
रास्ते भर पेड़ों पर फुदक-फुदक
गाती जाएँगी मंगल-ऋचाएँ
जिन्हें वे ही समझ पाएँगे
जो होंगे उनके सुख-दुःख में भागीदार
बाकी लोग
शोध करेंगे चिड़ियों पर।

शिक्षक

एक दिन उसने महसूस किया कि
दरअसल वह ब्लेक बोर्ड पर
जैसे तारों को रचता था
असंख्य भाषाओं के असंख्य तारे
जो थोड़ी देर स्मृति में कौंधकर
भुरभुरा कर झर जाते थे
जिनके संयोजन से राशि और नक्षत्रों में
बाँटा जाता था आसमान
जहाँ फैला है, ज्ञान का शून्य
उसकी ही सृष्टि की
झरी हुई धूल से, बनी है आकाश गंगा
जिसमें दिखती नहीं उसकी साइकिल की राह
नीली दीवाल पर लिखे
पेड़ के, कुछ शब्द थे
जो सूखकर झर गये
उसने उन्हें छूकर जान लिया था।
सूखे और कर्कश शब्द
उड़ रहे थे, वसन्त में
पहाड़ के उस पार के गाँव में
सूर्य के साथ वह रोज डूब जाता था।

एक दिन सूरज के साथ
उसका लौटना न होगा
उसकी अनुपस्थिति
राख की तरह झरे शब्दों पर
साइकिल की लकीर-सी मिट जाएगी
छूटे हुए शब्द किसी स्मृति में
झींगुर की तरह सन्नाटा बजाते रहेंगे।

प्रकृति, रोज-रोज अभिनय है

अलस्सुबह, मैं अपने रास्ते पर जाते हुए
किसी दृश्य में था
मैं कब प्रकृति में शामिल हुआ
पता ही नहीं चला
वहाँ पहुँचने के पहले
घाटी में बादल थे
पेड़ और पहाड़ थे ध्यानस्थ
दूर, गाँव, टोलों के घरों में
बत्तियाँ जल रही थीं
घर, रात भर किसी की प्रतीक्षा करते-करते
सो गये होंगे
सभी, इस भ्रम में रहते हैं
कि जैसे; उनके लिए प्रकृति रंगमंच पर आती है
जैसे एक ठहरा हुआ बादल होता है सूत्रधार
जैसे पार्श्व में टँगे परिदृश्य में
झिलमिलाती नदी होती है
बेल की तरह पहाड़ों से लिपटे रास्ते होते हैं
पहाड़ों से बेआवाज़ टकराते बादल, उन्हें लेने आते हैं
वहाँ अनजान पखेरू की आवाज़
प्रकृति की आवाज़ होती है

अनेक वनस्पतियों की गन्ध
प्रकृति की गन्ध होती है
किसी जीव-जन्तु की झलक
प्रकृति की झलक होती है
उनकी आँखों में झलकता अविश्वास
प्रकृति का अविश्वास होता है
बहुत बरस हुए मैं अपनी आँखों में
प्रकृति का एक दृश्य छिपा लाया था
बहुत साल से वह दृश्य स्मृति में संरक्षित है
कोई नहीं जानता प्रकृति इस तरह दृश्य बनकर
कब की ग़ायब हो चुकी थी
अब उसी दृश्य को फिर से पा लेने
प्रकृति का रोज-रोज अभिनय है।

इस राह से आगे

इस राह से आगे
जो भी हो राह
उस पर मैं
क्या सोचते-सोचते चला जाऊँगा
मंच पर अभिनीत चरित्र को
उतारी गई वेशभूषा में छोड़ जाऊँगा
जेहन में होंगी कविताएँ
और घर लौटने की हड़बड़ी
रास्ते में चिड़ियों के झुण्ड होंगे लौटते हुए
डूबता सूरज होगा गोधूलि से धूसरित
जेब में बाकी पड़े चने मुरमुरे
चिड़ियों और मछलियों को दे जाऊँगा
जेब में घर का पता होगा या नहीं
मालूम नहीं
हुआ भी तो वह छूट चुके घर का पता होगा
कुछ कविताएँ होंगी गूँगी बेटियों की तरह
जिन्हें पढ़कर जाना जाएगा
बहुत दूर तक उड़ेंगे पत्ते और धूल
यह कौन जान पाएगा कि
पेड़ों, पहाड़ों, नदियों और चिड़ियों को

किसी ने सुनाई होंगी कविताएँ
हालाँकि नदी किनारे के पहाड़ पर
था पेड़, जिस पर फूल और चिड़ियाँ थीं
आसमान साफ था
और तारे उगने-उगने को थे
ऐसे अवसर मैंने छोड़े नहीं
मेरी कविता का क्या अर्थ हो सकता था
यह उन्होंने तय किया होगा जिसका
रास्ते में लौटकर कभी पता नहीं चलेगा।
कविता का प्रतिदान सिर्फ कविताएँ थीं
जिनकी प्रतिध्वनि आ रही थी
मेरी ओर।

दाखिल-खारिज

खसरे में एक आदमी के दाखिल होते ही
दूसरा ख़ारिज होता है
खसरे की सीमा पर बढ़ता पेड़
अपनी डालियों से
दो खसरों में शामिल होता है
अपनी छाया फैलाकर
फल, फूल और पत्तियाँ गिराकर
सब ओर से दाखिल होता दीखता है।
उसमें हवा, धूप और बारिश
सब ओर से दाखिल होती है।
कभी बारिश के खारिज होते ही
सूखा दाखिल होता है और
धूप के खारिज होते ही पाला
उसमें बीज के साथ
सपने दाखिल होते हैं
कर्ज़ और अकाल जिन्हें कर जाता है खारिज़
उसमें पिता की छाया फैलती है
जो पुरखों की छायाओं में गड्ड-मड्ड हो जाती है
खेत के रास्ते पर
हाँफकर चलते पिता, बादल होते हैं

उनका पसीना, हर ओर से दाखिल होता है
जैसे पेड़ पर बोलती कोयल
सब ओर से दाखिल होती है
एक दिन थककर पिता
लेट गये खेत में और गुम गये
मेड़ पर खड़ा पेड़
हर साल और विस्तृत होकर
अपनी छाया से उन्हें टटोलता है
कोई अपने खसरे से होकर
बहुत बड़ी दुनिया में दाखिल होता है
जिनका नाम, सब जगह से खारिज है
धरती में उनका दाखिल होना
अतिक्रमण करना होगा।

खाली जगहें*

हर तरफ प्रकृति और चीज़ें हैं
स्तब्धता में व्यतीत होती हुई
शाश्वत आकाश के नीचे
उतना ही शाश्वत विलोम
उनके होने न होने का
उनके रूपान्तरित होने का
धूप एक-सी बरसती है
करवट लेती, बदरंग होती चीज़ों पर
वहाँ बदलती चीज़ों का अँधेरा होता है
क्षरण, बर्फ से संरक्षित है
वहाँ के सूनेपन में अब रहती है बर्फ
दूरी खुद एक रंग है, झीना-सा
जिसे ओढ़कर सोती रहती हैं चीज़ें
दृश्य से बाहर
निस्तब्धता में व्यतीत होती चीज़ों का एकान्त
मनुष्य के रहे होने का साक्ष्य है
उनके खालीपन में अनछुआ, दमकता पृष्ठ होता है
जो खुद होता है रंग
जो खुद रचता है अवकाश
जो खुद होता है आयतन
चीजों के खालीपन का।

* प्रभु जोशी की पेंटिंग देखकर

अधूरी कविताएँ

हम विलुप्त चीज़ों के विस्तार में रहते हैं
मंच के पार्श्व में जाती चीज़ों से
आहिस्ता-आहिस्ता रोशनी वापस लौटती है
नये दृश्य पर फिर से इकट्ठा होती है
हम विलुप्त चीज़ों के सूनेपन में रहते हैं
हम विलुप्त होती चीज़ों के साथ
थोड़ा-थोड़ा मरते जाते हैं
अनुपस्थित चीज़ों को धूप और बारिश
अँगुलियों से टटोलती है
हवा उन्हें ढूँढ़ती है बेचैन
चारों तरफ फैलकर लहरें
गुम जलपोतों को टटोलती हैं
लौटकर प्रवासी परिन्दे
खालीपन से भरे अन्धकार में
बसेरों पर ठिठक जाते हैं
चीज़ें, चीज़ों की जगहें लेती हैं
तारों के सन्दर्भ से
हम धरती की पहचान बनाये रखते हैं
जैसे कोई थरथराहट बेहद से आती है
काल, जिसमें सफर तय करता है।

दूर होता दृश्य

दूर होता दृश्य
धुँधलाकर
आसमान में विलीन होता जाता है
निकट आता दृश्य
आहिस्ता-आहिस्ता साफ होकर
आकाश से निकलता आता है
जैसे कोई अदृश्य हाथ
झीनी पारदर्शी यवनिका
उठाता गिराता है
ठोस पहाड़ धूल के टीलों की तरह
धुँधले होकर छिपते जाते हैं
खेत, पेड़, और मकान
रंगों की हरी, पीली पट्टियों में
गड्ड-मड्ड होते जाते हैं
बहुत पीछे छूटती चीज़ों को
साफ-साफ देखते रहने की इच्छा से भरा कोई
बार-बार आँखों की खिड़की पर आता है
आँख से होकर
जो कुछ भीतर आता है
उसे वैसा ही लौट जाना चाहिए

लेकिन कुछ
स्मृाते के कोनों में बस जाता है
और कभी-कभी
अपनी मौजूदगी जताता है।

उपस्थिति

वह तुम्हारी याद
लेती है जनम हर बार
बौरों से लदी
इस राह के दोनों तरफ
फैले हुए निस्सीम में
और मैं, हर बार
हूँ इस राह में निस्संग झोंके की तरह
उन्हीं बौरों में, तुम्हें फिर खोजता हूँ
बहुत गहरे, और सघन विश्वास से
मैं सोचता हूँ
उस दिशा में, हरे धब्बे की सलोनी छाँव में
है, घर तुम्हारा, वहीं तुम हो
अमिट अक्षर, चिह्न बनकर
शून्य में उगा हुआ ज्यों पेड़ हो
जिसे स्मृति के परिन्दे चीन्हते हैं
दृश्य की हद में खड़ा, मैं स्वयं, बेहद से उतरती
चाँदनी को देखता हूँ
वहीं से मैं, रात-दिन को बीतता भी देखता हूँ
वस्त्र मौसम के बदलते इस ज़मीं को देखता हूँ
बहुत भीतर, बहुत गहरे बस चुकी वह याद

इच्छा में बदलकर
यहाँ मुझको, बारहा फिर ला रही है
फूल में ही जन्म लेकर, फूल से कितना विलग
रूप परागकण-सा बिखर जाने, दूर तक
तितलियों, भौंरों की आहट सुन रहा हूँ।

आवाज़ का दोस्त

मेरी आवाज़ का दोस्त
कोई पत्थर नहीं
कोई आहट नहीं
प्रकृति में मेरे होने की
बेआवाज़ मेरे शब्द
आसमान में धुएँ की लकीर की तरह
सन्नाटे में शब्दों का अलाव जलाता हूँ
ओस की तरह झरती है कविता, धरती पर बेआवाज़
अपना एकान्त लेकर
भीड़ में जाता हूँ
पतझर के समारोह में
बनैले फूलों की तरह
पत्थरों की छाती पर
टाँकता हूँ कविताएँ।

नवीन सागर द्वारा रचित एक चित्र की स्मृति

घर यहाँ इतने सघन
कि नगर घर की छाँव है
दृश्य में आवाज़ दो
कि कहीं से निकले कोई
कहीं हो हलचल गहन निस्तब्धता में
मधुमक्खियों के छत्र-सा यह नगर है
ठहरा हुआ न जाने शून्य की किस डाल पर
घरों से ऊँची कहीं गर्दन उठाये
झाँकता है फूल
कि कोई दे रहा आवाज़
कि उसमें बहुत सारे घर नगर हैं
पेड़ के बदले हुए हालात से
वह मौसमों को भाँपता है
प्रकृति में पहरा बदलते
फूल, पंछी घास है
और थोड़ी तितलियाँ हैं
बादलों की दौड़ है
मुसाफिरों के घर पहुँचने तक अकेला
राह में ठहरा हुआ सूर्यास्त है।

आख़िरी चीता

पाली के आख़िरी खिलाड़ी की तरह
आख़िरी चीता, भरता है, आख़िरी छलाँग
टूटते तारे की रेख, रचती है उसका गमन
जहाँ, उसने धरती को पूरी ताकत से पकड़ रखा था
वहाँ, छूट जाएँगे, आखिरी पंजों के निशान
वहीं छूट जाएगा, सूखे पत्तों पर बेआवाज़ चलने का कौशल
उसकी मिसाल, भाषा और इतिहास में दर्ज हो चुकेगी
उसकी आँखों में, जंगल की आखिरी तस्वीर थी
वह विलीन हो जाएगी आँखों के साथ
अब चीते नहीं, लौटेंगे धरती पर
हवा, पानी, आग, आकाश और धरती के मेल का
वह दिव्य वैभव था
जिसने अपने अकेलेपन के बाहर लगाई आखिरी छलाँग
उस छलाँग में, वह समेट ले गया
ऐसी कला जिससे कभी भी
दुश्मन को दी जा सकती थी शह और मात
जिस दिन विलुप्त हुआ होगा, आखिरी चीता
जंगल थर्राया होगा देर तक
उस वक्त कोई लिख रहा होगा, कविता
किसी चीते जैसी उम्मीद पर।

आँख भर आकाश

कब का डूब गया वह चाँद
जाग-जागकर जिसे आँखों में बसाया था
जिसमें कहीं, घर एक बनाया था
तब वहाँ रहने का था पागलपन
तब जैसे काल ने
उम्र को कुतरना कर दिया था बन्द
कब के सूख गए वे फूल
जो ताजा और सुर्ख थे
जिनके रंगों से
उनका होना लिखा था
वे बादल आसमान में फिर वैसे न आएँगे
जैसे आते थे डूबती शामों में
आसमान में कुछ तारे खो चुकेंगे
कुछ नये तारे भेज रहे होंगे रोशनी
जागती आँखों तक
बुझे तारों की राख लिए
किस महासागर में गिरती है आकाशगंगा।
कितनी छोटी और बुझती आँखों में
प्रतिबिम्बित है आसमान
जो महज आँख के आँसू से डबडबा जाता है।

शिलालेख

वे पत्थरों में रहते हैं
बदलती ऋतुओं के बीच
उनके खालीपन में काई उतरती जाती है
वे अपने आप्तवचनों को खाकर
शताब्दियाँ पार करते जाते हैं
अपने ही अन्धकार में उनके शब्द
एक-दूसरे का हाथ पकड़े होते हैं
उनका क़द आँख की ऊँचाई के बराबर होता है
वे अपने युग के
सबसे असंगत तथ्य हो सकते हैं
वे शासक की शासित पर
मजबूत पकड़ हो सकते हैं
सम्भव है, उन्हें उकेरते हाथों ने
उन्हें कब का नकार दिया हो
अमरता के भ्रम में
उनकी भाषा कब की मर चुकी है
अब उनकी छाया का वजूद
शिला की छाया में छिप गया है
शताब्दियों तक, हवस
उनकी भाषा को जिन्दा रखती है।

कवि मैं

कवि मैं दिन का
रात का मैं कवि
कवि मैं बात का, पात-पात का
लहर का, पहर का
चुप्पी के कहर का
शहर का मैं कवि नहीं
गाँव का, गाँव-गाँव का
ठाँव का
अपने ही जीवन के दाँव का
छन्द का नहीं कवि
दुःखों के पैबन्द का
सब ओर से खुले हुए बन्द का
अपने ही पैरों से
गढ़ी हुई राह का
न आह का, न वाह का
और न खामख्वाह का
मैं न कवि आलमपनाह का
कवि मैं पेड़ की पनाह का
बहुत बड़े दुःख की विनत छाँव का।

जिस तरह चलती है रात

जिस तरह, चलती है रात, रतौंध में
उस तरह, पहरे पर जागता है उजाला
दिन चलता है, दिवास्वप्न के अन्धकार में
दिन और रात की सन्धि सतह पर
लिखता हूँ, कुछ शब्द
जब सपने बदलते हैं पहरा
जाते हैं, एक पाली से दूसरी पाली में
एक, नींद से बोझिल लौटता है
उषा भरी पगडण्डी पर
और, उसके हिस्से की रात शुरू होती है
एक की नींद टूटती है, गोधूलि में
सघन तारों के नीचे
जागरण होता है स्फूर्त
उसके दिन के हिस्से में, झींगुर और सियार आते हैं
चाँदनी के वैभव में
पियक्कड़ कुहासा, भटकता है दरबदर
दूर उजाला दिखता है, पहरे पर
डाल पर फड़फड़ाता है, परिन्दा
किसी तिलिस्मी गुहाद्वार में
सिर छिपाता है, कोहरा

ऐसे में निकलता हूँ, शब्दों के साथ
सूखे पत्तों पर दबे पाँव
न मेरे लिए, दिन जैसा दिन
और न रात जैसी रात
दुनिया में आने के लिए, तय नहीं
कोई मौसम, कोई घड़ी, धूप, उजाला या बारिश
और न जाने के लिए
मुकर्रर कोई समय
टूटकर किसी ऋचा से, मन्त्र से
आकाश के प्रागैतिहासिक कोने से
झरे पुरावशेष की तरह
असमय आते हैं शब्द, थरथराहट से भरे
इनसे, दिनरात बनाना है
उनके खनिज रंगों से, नीरव विस्तार को लिखना है
ओस से नम पत्थरों पर रचना है
चाँदनी को रजत-भ्रम
इतिहास को लिखना है भ्रम के सुनहरे अक्षर
चीख को चुप्पी को शामिल करना है संगीत में
शब्दों को बदल देना है शब्दों से
नृशंस होने की चरम परिणति को
शब्दों से रचकर, ध्वनि और प्रकाश में लाना है
पत्तियों से टपकती ओस
कदमों का आभास दे रही है
दिशाएँ जाग रही हैं, अपनी मौजूदगी बनाए
कि जैसे, कोई कभी भी आ सकता है
उन्हें नापने
आकाश बना है विस्तीर्ण
कि कुछ तो होगा ही
उसके विस्तार में समाने लायक
जिसे, कभी न कभी देना होगी जगह
लहर की तरह शब्द

एक छोर से दूसरे छोर तक
भर जाते हैं थरथराहट
जैसे अन्तरिक्ष से आता कोई शब्द
समाकर आकाश में
उसे पल में नाप देता है
किसी असमाप्त यात्रा की प्रतीक्षा में
करवट लेता रहता है, समुद्र
इस सर्द-सन्नाटे में
आग से विश्वसनीय कोई नहीं
बर्फ से ढके पत्थरों के भीतर
वह छिपी है
पत्थरों की निकटता से
उसे पा लेना है
यहाँ सन्नाटा, किसी अभाव का है
जिसे एक-एक पेड़ पत्थर से पढ़ा जाना है
यहाँ के दृश्य में जो जहाँ अकेले हैं
वे अपनी उपस्थिति जताकर
निकट आना चाहते हैं
यहाँ तक कि सूना रास्ता
लौटकर एक कदम के फ़ासले में
दो पदचिह्नों में सिमट आना चाहता है
दिनान्त पर टूटती है रोशनी
थमता है खेल धूप-छाँव का
इस असंग-कारा में, जीवन आता है
दो हाथों की शक्ल में, थाली सरकाता हुआ
अन्धकार में कुशलक्षेम पूछकर
दूर होती जाती है, उसकी आहट
मैं जैसे पत्थरों के साथ पत्थरों में रहता हूँ
सूरज मुझे खोजता हुआ
निकट से गुजर जाता है
रात और दिन के फटे जूतों से

देह में उतरकर थकान
उसे नींद के लिए तैयार करती है
मौन में, निबद्ध है आकाश
और हाहाकार, संगीत में
रात, कोई कारा है
दूर तक फैली खामोश
यह रात दे रही है, बसन्त की मौजूदगी का अहसास
जैसे रात, बसन्त की कारा है
बहुत से झरे फूलों को बुहार कर
हवा कहीं ले गई है
मैं बहुत सारे शब्द लिखकर, भूल गया हूँ
पहचान के लिए
विस्मृति के जंगल में
गुम नदी और मिट चुके रास्ते पर
एक तारा चमक रहा है।

•••